Patchworkfamilie für Einsteiger

Der Patchwork Ratgeber:
Im zweiten Anlauf zum
Familienglück

Lena Hafermann

INHALT

Das erwartet Sie in diesem Buch

Immer mehr Familien leben das unkonventionelle Gefüge, dass sich „Patchwork" nennt. Doch der bunte Flickenteppich, der nach außen hin so schön lebensfroh und gemütlich erscheint, birgt auch zahlreiche Ängste, Fragen und Schwierigkeiten. Die vielen bunten und so unterschiedlichen Flicken an der passenden Stelle zusammenzufügen, erfordert viel Geduld, Arbeit und Liebe und auch den einen oder anderen Tipp für den Alltag in einer Patchworkfamilie.

Aus Zwei macht Eins

Nahezu jeder kennt es heutzutage – ob von sich selbst oder im Bekanntenkreis: Paare lassen sich scheiden und die Kinder bleiben bei einem Elternteil, der ab sofort als alleinerziehend gilt, selbst wenn das gemeinsame Sorgerecht bestehen bleibt. Der andere Elternteil befindet sich nun plötzlich in der Rolle des Wochenendvaters oder der Wochenendmama.

Gründe für eine Trennung gibt es viele. Auch wenn ein neuer Partner nicht der Grund für das Scheitern der Beziehung war – früher oder später taucht doch meist ein neuer Mensch auf, mit dem man sich wieder mehr vorstellen kann, wenn da nur nicht die unzähligen Bedenken den eigenen Kindern und auch sich selbst gegenüber wären.

EIN NEUER PARTNER

Allein oder zu zweit?

Will ich denn jemals wieder einen neuen Partner haben? Das fragen sich sicher viele frisch Getrennte. Manche haben das Gefühl, nie wieder einen anderen Menschen so nah an sich heranlassen zu wollen oder zu können, waren doch die Verletzungen und Enttäuschungen in der vergangenen Partnerschaft zu groß und der Trennungsschmerz sitzt noch viel zu tief. Sicher sollte man nichts überstürzen und sich selbst erst einmal Zeit lassen, um Vergangenes zu verarbeiten und wieder zu sich selbst zu finden.

Bei den meisten Menschen kommt dann doch früher oder später der Zeitpunkt, an dem sie sich danach sehnen, wieder einen neuen Partner zu haben. Einen, der am besten all das ist, was man beim Ex-Partner vermisst hat. Schließlich soll das dann bitte schön der absolut Richtige sein, allein schon aus dem Grund, dass man seinem Kind nicht vorleben möchte, dass es normal sei, immer wieder den Partner zu wechseln, und natürlich auch und hauptsächlich, um ihnen nicht schon wieder eine Trennung und einen Verlust zumuten zu müssen. Gerade deshalb ist es so wichtig, dass Sie Ihren Kindern einen neuen Partner erst dann vorstellen, wenn Sie beide bereits ausreichend Zeit hatten, sich kennenzulernen.

Endlich der Richtige?

Ob es im Leben nun einen, mehrere oder gar keinen „Richtigen" gibt, als alleinerziehender Elternteil sind wahrscheinlich Dinge, die Ihnen früher wichtig gewesen wären, nun völlig nebensächlich oder irrelevant. Dafür werden andere Punkte umso wichtiger.

Hat der neue, potenzielle Partner ebenfalls Kinder? Wie steht er dazu, dass Sie selbst bereits Kinder haben, und ist er bereit, dies mitzutragen? Wie sehen Ihre Vorstellungen von der Zukunft und einem gemeinsamen Leben aus, auch in Bezug auf die Kinder? Leben Sie ein bestimmtes Erziehungskonzept? Was ist Ihnen wichtig in Bezug auf die Kinder und deren Alltag und Leben?

Auch, wenn es bekanntlich schwierig ist, versuchen Sie, ein Stück über die rosarote Brille der Verliebtheit hinwegzusehen. Nichts ist schlimmer, als seinen Kindern einen potenziellen Partner nach dem anderen vor die Nase zu setzen und diese schon nach kurzer Zeit wieder in der Versenkung verschwinden zu lassen.

Die Kinder werden Schwierigkeiten bekommen, Vertrauen aufzubauen, werden sich vielleicht gar nicht mehr auf neue Partner einlassen. Und zudem bekommen sie vorgelebt, dass es normal sei, ständig den Partner zu wechseln. Dies alles kann verheerende Folgen für ihr zukünftiges Leben haben und zieht sich oft wie ein roter Faden von Generation zu Generation.

Sie sind das Vorbild Ihres Kindes und das bedeutet, dass Sie eine enorme Verantwortung tragen, was dessen Entwicklung und Lebensanschauung sowie dessen Lebenseinstellung betrifft.

Natürlich merkt man manchmal erst nach einiger Zeit, dass es einfach nicht passt, und dann ist es natürlich auch richtig, sich zu trennen. Schließlich sollen Sie selbst nicht unglücklich werden. Damit wiederum würden Sie Ihren Kindern nämlich vorleben, dass es richtig sei, bei einem Menschen zu bleiben, der einem absolut nicht guttut oder schlimmer.

Kein Mensch soll und muss seinen Partner „ertragen" oder „aushalten". Es geht lediglich darum, dass Sie Ihrem Kind die Phase des Kennenlernens ersparen. Diese sollte nur zwischen Ihnen und dem anderen Part stattfinden und nicht im Beisein der jeweiligen Kinder. Sollte diese erfolgreich verlaufen und sollten Sie merken, dass es ohne Einschränkungen harmoniert, spricht nichts gegen ein Treffen von Kind und neuem Partner.

Das Beste für meine Kinder?

Kaum hat man eigene Kinder, wiegt das Verantwortungsgefühl gegenüber diesen schwer und oftmals noch schwerer, wenn man diese allein groß zieht oder sie nur an den Wochenenden sehen kann. Doch soll ich nun meinem Kind zuliebe auf einen neuen Partner verzichten? Belastet ein neuer Partner mein Kind und kann es damit umgehen? Wird mein Kind einen neuen Mann/eine neue Frau an meiner Seite überhaupt akzeptieren können? Bringt eine neue Beziehung unter diesen Voraussetzungen nicht noch mehr Chaos in das ohnehin oft noch wackelige Gefüge?

Diese und noch viele andere Fragen schwirren einem im Kopf herum, während man sich fragt, wo man denn überhaupt einen neuen Partner kennenlernen könnte. Einen, der nicht Reißaus nimmt, wenn es heißt: „Ich bin alleinerziehend und habe 1, 2 oder 3 Kinder und ja, die Beziehung zum Vater der Kinder ist schwierig und angespannt und nein, die Kinder sind noch nicht über die Trennung hinweg."

Dank des digitalen Zeitalters und entsprechender Mundpropaganda sowie definierter Single-Partys und vielem mehr, das auf die speziellen Bedürfnisse einer Partnersuche ausgerichtet ist, ist es heutzutage zum Glück gar nicht mal so schwierig, ein geeignetes Exemplar ausfindig zu machen. Telefonate, E-Mails, WhatsApp, erste Verabredungen im Geheimen ohne Kinder – schon bald merkt man, es könnte etwas Ernstes werden. Und nun? Wie kann es weitergehen?

Enorme Verantwortung!
Wie vermittle ich meinem Kind möglichst schonend, dass Mama oder Papa jemanden kennengelernt haben, den sie nun plötzlich wesentlich lieber haben als den anderen Elternteil, gerade, wo doch der Wunsch und die Hoffnung der meisten Kinder nach einer Wiederzusammenführung der Kernfamilie so groß ist? Wie kann ich mein Kind spüren lassen, dass es auch weiterhin die Nummer 1 in meinem Leben bleibt und der neue Mann oder die neue Frau ihm nicht seinen Platz streitig macht?

Darf ich meinem Kind überhaupt zumuten, einen neuen Partner an meiner Seite zu akzeptieren, ja, sogar zu mögen?

Grundsätzlich gilt: Ihren Kindern geht es gut, wenn es Ihnen gutgeht! Natürlich sollten Sie Vorsicht walten lassen und nicht gleich mit der Tür ins Haus fallen. Den Kindern morgens am Frühstückstisch den in Papas alten Bademantel gekleideten neuen Mann vorzusetzen und anzukündigen, dass dieser nun ab sofort hier wohnen wird und die Kinder ihn „Papa" nennen sollen, ist sicherlich die schlechteste Idee, die Sie haben könnten.

Überlegen Sie: In welcher Beziehung steht Ihr Kind zum anderen Elternteil?

Wie alt sind die Kinder?

Wenn sie ein gewisses Alter bereits erreicht haben, sprechen Sie ausführlich mit ihnen. Erklären Sie kindgerecht, weshalb Mama und Papa in Zukunft keine Familie mehr werden. Fragen Sie, was das Kind davon halten würden, wenn ein guter Freund von Mama bzw. eine gute Freundin von Papa ab und zu Besuch kommt oder bei gemeinsamen Unternehmungen dabei ist? Erwachsene brauchen schließlich auch andere Erwachsene als Freunde, genau wie Kinder auch gern ihre Freunde um sich haben.

Erklären Sie, dass das Kind keine Angst zu haben braucht, in den Hintergrund zu geraten und für Sie immer und überall an erster Stelle stehen wird. Sie haben dem guten Freund bzw. der guten Freundin von Mama oder Papa schon so viel von ihm erzählt, sodass dieser

Ihr Kind nun auch gern kennenlernen möchte.

Finden Sie schon im Voraus Gemeinsamkeiten zwischen dem neuen Partner und den Kindern heraus. Spielen beide gern Fußball? Interessieren sie sich beide für Technik oder bastelt und malt die neue Partnerin z. B. gern? Gibt es Haustiere, die das Interesse des Kindes wecken? Hat der neue Partner oder die neue Partnerin gar selbst Kinder, evtl. sogar im selben Alter oder desselben Geschlechts?

All dies können Dinge sein, die Sie Ihrem Kind bereits vorher erzählen können, um es positiv auf ein Treffen einzustimmen.

Sind die Kinder noch in einem leicht zugänglichen Alter, kann dies ein guter Anfang sein und die Kinder freuen sich mit Ihnen auf das erste gemeinsame Treffen.

Ein Kind im Teenageralter dagegen ist meist nicht mehr so leicht zu beeinflussen und macht sich bereits seine eigenen Gedanken. Auch hier hilft, viel zu reden, wenn möglich. Erklären Sie, wie es Ihnen selbst nach der Trennung vom anderen Elternteil geht und dass Ihnen der neue Freund guttut und Sie dadurch auch wieder mehr Kraft und positive Stimmung im Alltag bekommen. Erklären Sie auch, dass die Gefühle gegenüber dem neuen Freund nichts an Ihren Gefühlen und

Ihrer Liebe dem Kind gegenüber ändern und dass es unterschiedliche Arten der Liebe gibt und diese sich gegenseitig nicht ausschließen, sondern sogar bereichern können. Erklären Sie, dass ein neuer Partner von Mama oder Papa niemals den anderen Elternteil ersetzen will und wird, dass das Kind nach wie vor (sollte dies der Fall sein) eine enge Bindung zu beiden Elternteilen haben wird und diese immer Mama und Papa bleiben werden.

Geben Sie Ihrem Teenager Zeit und haben Sie Geduld! Erwarten Sie nichts und drängen Sie ihn nicht! Geben Sie ihm trotzdem immer das Gefühl, für ihn da zu sein und ihn mit seinen Problemen, Sorgen und Ängsten nicht allein zu lassen.

ERSTES KENNENLERNEN MIT KINDERN

Angst

Was empfinden Eltern, wenn Sie wissen, dass der neue Freund oder die neue Freundin gleich zum ersten Mal auf die eigenen Kinder treffen wird?

Was empfindet der neue Partner, wenn er gleich zum ersten Mal auf ihm fremde Kinder treffen wird, die ihn erwartungsgemäß sehr genau unter die Lupe nehmen werden und ihm vielleicht mit einer ordentlichen Portion Skepsis oder im schlimmsten Fall sogar Abneigung gegenübertreten?

So ein erstes Aufeinandertreffen kann schon Angst machen und zu einer starken Nervosität führen. Gepaart mit der Freude, den neuen Partner gleich wiederzusehen, kommt nun die Furcht, das Zusammentreffen mit den fremden Kindern könnte in einem „Aus" für die neue Beziehung enden.

Die gute Nachricht ist, Sie dürfen aufgeregt sein und auch ein bisschen Angst haben. Sprechen Sie vorher mit dem neuen Partner über Ihre Ängste und Bedenken gegenüber dem Treffen und den Kindern. Vielleicht kann Ihr neuer Partner Sie beruhigen und Ihnen Tipps geben, wie Sie am besten auf die Kinder zugehen. Lassen Sie sich von den einzelnen Kindern (sofern es mehrere sind) erzählen und überlegen Sie sich Gesprächsthemen und Gemeinsamkeiten.

Sie werden sehen, die Angst wird dadurch etwas kleiner werden und Vorfreude eventuell sogar etwas größer.

Kulisse

Wo lässt man so ein erstes Kennenlernen am besten stattfinden? Lade ich den neuen Partner samt Kindern zu mir ein? Treffen wir uns daheim beim Partner, damit die Kinder ihre vertraute Umgebung um sich haben?

All dies sind gut gemeinte Ideen, aber am ehesten empfiehlt es sich, das Kennenlernen an einem für alle neutralen Ort stattfinden zu lassen. Sind die Kinder noch jünger, empfiehlt sich z. B. ein Park mit Spielplatz. Sie können ein bisschen spazieren gehen, die Kinder können rennen und spielen und Sie erst einmal aus sicherer Distanz begutachten. Wenn diese dann neugierig werden oder Sie vielleicht sogar zum Mitspielen auffordern, kann man erste kleine Unterhaltungen in Gang bringen.

Die Kinder werden vielleicht viele Fragen an Sie haben und austesten wollen, ob Sie sich als Spielgefährte eignen. Es ist toll, wenn die Kinder des neuen Partners so offen auf Sie zugehen, und das wird es Ihnen selbst natürlich ungemein erleichtern. Sie geben Ihnen von Beginn an eine Chance und diese sollten Sie unbedingt nutzen. Lassen Sie die Fragen zu und beantworten Sie diese kindgerecht. Bestimmt wird Ihnen Ihr neuer Partner da auch gern zu Hilfe kommen.

Bestellen Sie einen Sandkuchen in der Sandkastenbäckerei oder probieren Sie auch mal, den Fußball ins Tor zu kicken. Auch, wenn es Ihnen eventuell nicht so sehr liegt und Sie sich dabei noch unsicher fühlen –

die Kinder beobachten ganz genau, inwiefern Sie sich auf sie einzulassen bereit sind. Vielleicht haben Sie auch wirklich Spaß an dem Ganzen und die Kinder werden dies spüren und Sie als klasse Spielkamerad in Erinnerung behalten. Für den Anfang ist diese Rolle in den Augen der Kinder auch absolut in Ordnung und der erste positive Schritt.

Eventuell reagieren die Kinder aber auch ganz anders auf Sie und sie bleiben distanziert und zurückgezogen und stehen Ihnen mit Skepsis oder Misstrauen gegenüber.

Lassen Sie sich davon keinesfalls entmutigen! Jedes Kind reagiert in so einer Situation anders und manche Kinder benötigen mehr Zeit als andere und bleiben lieber erst einmal in der Beobachterrolle. Seien Sie nett und freundlich, aber auf keinen Fall zu aufdringlich ihnen gegenüber. Warten Sie ab, bis die Kinder sich Ihnen von sich aus Schritt für Schritt nähern.

Sollte sich die Abneigung in richtige Gegenwehr umwandeln oder auch im Lauf der kommenden Treffen keine Annäherung stattfinden, sollte Ihr Partner allein und in Ruhe mit seinen Kindern darüber sprechen. Mögen sie die neue Person nicht? Was stört sie? Haben sie Angst? Oder redet womöglich der andere Elternteil im Vorhinein schlecht über Sie gegenüber den Kindern oder verbietet ihnen sogar, Sie zu mögen? Sollte dies der Fall sein, ist es an dem Partner, dies mit seinen Kindern und/oder dem anderen Elternteil zu besprechen, damit die Kinder eine Chance bekommen, Ihnen neutral gegenüberzutreten und Sie kennenlernen zu dürfen.

Wie auch immer so ein erstes Aufeinandertreffen verläuft, sprechen Sie anschließend in Ruhe mit Ihrem neuen Partner darüber.

Wie haben Sie beide das Kennenlernen empfunden? Mit was für einem Gefühl haben Sie das Treffen beendet? Hatten Sie das Gefühl, mit den Kindern zurechtgekommen zu sein? Freuen Sie sich auf ein nächstes gemeinsames Treffen?

Lassen Sie keine Fragen und Themen aus, die Sie beide beschäftigen, und seien Sie offen und ehrlich zueinander. Nur so kann in winzig kleinen Schritten vielleicht irgendwann eine Familie aus Ihnen allen werden.

Dürfen die Kinder uns als „Paar" sehen?

Dürfen wir beim ersten Treffen in Anwesenheit der Kinder Händchen halten, uns umarmen, küssen?

Gegen eine normale, freundliche Umarmung als Begrüßung ist absolut nichts einzuwenden. Schließlich spüren die Kinder dadurch auch sogleich, dass ihr Papa oder ihre Mama Sie mag. Mit offensichtlichem Händchen-Halten oder sogar Küssen sollten Sie gerade beim ersten Treffen noch zurückhaltend sein. Die Kinder sollen sich nicht zurückgestellt fühlen und bedenken Sie auch, dass diese wahrscheinlich ihren Papa oder ihre Mama noch nie zuvor in so engem und vertrautem Kontakt mit einer ihnen fremden Person gesehen haben, höchstens ihrem anderen Elternteil, weshalb dies für die Kinder auch sehr schmerzhaft und verwirrend sein kann.

Schauen Sie in Ruhe, wie die Kinder auf Sie und auch auf Sie beide zusammen reagieren und widmen Sie sich gerade bei diesem ersten Treffen vollkommen dem Kennenlernen der Kinder.

VERTRAUEN GEWINNEN

Bleiben Sie Sie selbst

Natürlich möchten Sie besonders nett sein, um das Vertrauen der Kinder zu bekommen, aber achten Sie darauf, dass Sie dabei Sie selbst bleiben und Sie sich nicht verstellen oder verbiegen. Dies wirkt schnell aufgesetzt und übertrieben und das spüren Kinder und es löst Misstrauen gegenüber Ihnen aus. Zudem können Sie sich nun in Zukunft nicht jedes Mal beim

Zusammensein mit den Kindern verstellen, sodass diese dann spätestens nach einiger Zeit erste Zweifel an Ihnen bekommen würden.

Wenn es absolut nicht Ihr Ding ist, mit den Kindern fangen zu spielen oder bis oben mit ins Klettergerüst zu klettern und anschließend die Röhrenrutsche mit hinunterzurutschen, dann müssen Sie dies auch dann nicht tun, wenn die Kinder das gern möchten. Sagen Sie ihnen, dass Sie nicht gern klettern oder Angst vor der Höhe haben, dass Sie ihnen aber sehr gern zusehen, wie toll sie klettern können, und dass Sie unten an der Rutsche auf sie warten.

Nun wissen die Kinder, dass sie bei solchen Spielen auf gleichaltrige Kameraden zurückgreifen müssen und sind in Zukunft nicht enttäuscht oder irritiert, als hätten Sie beim ersten Mal begeistert mitgemacht und würden dies in Zukunft aber unterlassen.

Egal, ob Sie nun eher der zurückhaltende, ruhige Typ sind oder derjenige, der mit den Kindern über den Spielplatz tobt – die Kinder sollten Sie so kennenlernen dürfen, wie Sie nun mal sind, nur dann kann Vertrauen aufgebaut werden. Das heißt nicht, dass Sie sich nicht um die Kinder bemühen sollen, das sollten Sie unbedingt tun, aber auf eine für Sie natürliche Art.

Vorsichtige Annäherung

Da kommt der neue Partner mitsamt seinem Anhang das erste Mal auf Sie zu und die Kinder beachten Sie gar nicht groß, sondern rennen direkt zu den Spielgeräten?

Völlig normal! Die Kinder sind verunsichert, wissen Sie vielleicht noch nicht genau einzuordnen. Je nachdem, wie alt die Kinder sind und was Ihr neuer Partner seinen Kindern vor dem Treffen erzählt hat, sind diese aufgeregt, nervös, skeptisch oder ängstlich. Vielleicht sogar alles zusammen. Sie beruhigen sich erst einmal damit, in das vertraute Spiel einzutauchen und Sie aus einigem Abstand zu begutachten, bevor Sie dann von sich aus erste Annäherungsversuche starten.

Kommen Sie dann irgendwann zu Mama oder Papa gerannt, werden sie vielleicht zögerliche Seitenblicke zu Ihnen werfen oder ein vorsichtiges, verschämtes Grinsen.

Kommt vom Kind die Frage an seinen Elternteil, ob er z. B. mit zum Sandkasten kommt und die Burg bestaunt, die es eben gebaut hat, oder ob es auf der Schaukel angeschubst wird, können Mama oder Papa z. B. das Kind fragen: „Darf denn (Ihr Name) auch mitkommen? Er/Sie ist nämlich als Kind auch richtig gut im Sandburgen-Bauen gewesen."

Sollten Sie ebenfalls bereits Kinder haben und sollten diese bei diesem Treffen noch nicht mit dabei sein, wäre dies dann ein guter Zeitpunkt, von Ihren eigenen Kindern zu erzählen, dass diese auch gern im Sand spielen und Sie Ihre Kinder das nächste Mal gern mitbringen würden, damit diese zusammen mit den Kindern Ihres neuen Partners eine große Burg bauen können.

Sollten Sie selbst auch Kinder haben und dies ein Treffen sein, bei dem nicht nur die jeweiligen Kinder den neuen Partner von Mama oder Papa kennenlernen, sondern auch sich gegenseitig, dann kann dies durchaus ein großer Vorteil sein. Verstehen sich die Kinder untereinander gut, sehen die Kinder den Elternteil der jeweils anderen Kinder mit offeneren, vielleicht sogar positiven Augen. Zudem ist es möglich, dass die Kinder miteinander so abgelenkt und in ihr Spiel vertieft sind, dass Sie sich erst mal gar nicht so viele Gedanken um den bis dahin fremden Menschen machen, der da plötzlich neben Mama oder Papa auf der Bank sitzt.

Mit etwas Glück kann das erste Treffen auf diesem Weg sogar recht entspannt werden.

Keine Erwartungen
Gehen Sie nicht mit zu vielen Vorstellungen und Erwartungen in ein erstes Treffen mit den Kindern. Diese

werden sicher nicht auf Sie zu rennen, Sie stürmisch umarmen und fragen: „Bist du meine neue Mama/mein neuer Papa?"

Eventuell werden sie Ihnen anfangs nicht mal die Hand schütteln wollen und keinerlei Interesse an Ihnen zeigen. Vielleicht gehen Sie anschließend mit dem Gefühl aus dem ersten Treffen heraus, dass die Kinder Sie nicht leiden könnten oder Sie ablehnen.

Bleibt nur nochmals zu erwähnen, dass die Kinder meist Zeit brauchen – manche weniger, manche mehr.

Sie müssen sich ihnen gegenüber erst bewähren und sich ihr Vertrauen erarbeiten. Wie lange dies dauert, hängt von allen Beteiligten ab. Von den Kindern selbst sowie ihren Erfahrungen und ihren Charakteren, von Ihrem neuen Partner und wie er sich sowohl Ihnen als auch seinen Kindern gegenüber verhält, von Ihnen selbst und wie Sie sich geben und auf die Kinder zugehen und oftmals auch vom anderen Elternteil der Kinder, die leider des Öfteren nicht gerade rücksichtsvoll gegenüber den eigenen Kindern über den Ex-Partner und seinen neuen Partner sprechen.

Auch, wenn es schwerfällt, – versuchen Sie, komplett ohne Erwartungen und Vorstellungen in das Treffen zu gehen und lassen Sie einfach alles auf sich zukommen.

Aus Sicht der Kinder ...

Wer sind Sie für die Kinder? Ein Eindringling, ein Störenfried, im besten Fall einfach ein Fremder?

Versuchen Sie, sich in die Lage der Kinder zu versetzen. Da kommen plötzlich Mama oder Papa mit irgendeinem fremden Menschen an und beginnen, mit diesem ähnlich vertraut umzugehen wie mit dem anderen Elternteil früher oder in der Erinnerung der Kinder vielleicht sogar wie mit nie einem anderen Menschen zuvor. Bisher war es ihnen, den Kindern, vorbehalten gewesen, von Mama oder Papa in den Arm genommen zu werden, liebevoll angesehen zu werden und beim Spazieren-Gehen dessen Hand zu halten. Nun ist da plötzlich ein wildfremder Mensch, der (auch, wenn Sie es beim ersten Treffen noch nicht zeigen, Kinder haben bekanntlich sehr feine Antennen) von Mama oder Papa genau so viel Aufmerksamkeit bekommt – in den Augen der Kinder eventuell sogar viel mehr Aufmerksamkeit als sie selbst. Es ist nur natürlich, dass die Kinder in dieser Situation Eifersucht verspüren und entsprechend reagieren und ihr Elternteil nicht hergeben oder teilen möchten.

Lassen Sie die Kinder spüren, dass Sie ihnen ihren Papa/ihre Mama keinesfalls wegnehmen wollen. Stellen Sie sich als neues Paar selbst erst einmal hinten an und schenken Sie Ihre Aufmerksamkeit in deren Gegenwart den Kindern. Sobald die Kinder spüren, dass sich zwischen Mama bzw. Papa und ihnen durch den neuen Partner nichts ändern wird, werden sie sich wieder etwas entspannen, auch gegenüber Ihnen.

Jeder muss seinen Platz neu finden

Haben Sie die ersten Treffen erfolgreich hinter sich gebracht und regelmäßige Besuche und gemeinsame Tage und Wochenenden stellen sich ein, kommen erneut viele Fragen auf.

MAMA, PAPA, BRUDER, SCHWESTER?

Wer nimmt welche Rolle ein?
Man könnte meinen, dass die Rollen auch in so einer Konstellation klar verteilt sind. Zwei Erwachsene,

sprich Mama und Papa, und die Kinder. Doch so einfach ist es in diesem Fall nicht. Vielleicht haben Sie beide Kinder mit in die neue Beziehung gebracht, dann sind Sie beide je ein Elternteil für Ihre eigenen Kinder, keine Frage. Welche Rolle aber nehmen Sie gegenüber den Kindern des neuen Partners ein?

Sind Sie nun ein weiterer Elternteil, sind Sie eine Art Freund oder die lockere Tante? Es ist nicht einfach, seinen neuen Platz zu finden.

Auch was die Beziehung angeht, die Sie zu den Kindern des Partners aufbauen möchten. Was möchten Sie gern sein? Wie viel Nähe würden Sie sich wünschen bzw. möchten Sie zulassen? Kann ich die Kinder meines Partners denn überhaupt lieben wie meine eigenen Kinder und möchte ich das?

Schließlich ist es in den meisten Fällen so, dass die Kinder den Elternteil, den Sie verkörpern, bereits haben und eine enge Verbindung zu diesem besteht. Gerade, wenn die Kinder des Partners nicht ganz bei Ihnen wohnen, sondern nur zu Besuchen anwesend sind, so gibt man doch in dem Moment die zusätzliche Elternrolle für diese Kinder wieder ab, sobald die Türe hinter ihnen schließt. Wäre diese Situation nicht jedes Mal aufs Neue schmerzhaft, wenn Sie die Kinder zu nahe an sich heranlassen würden?

Sicher würde es schwerer fallen, je näher Sie den Kindern des Partners sind, aber heißt dies nicht zeitgleich auch, dass es Ihnen allen gelungen ist, ein wirklich tolles und familiäres Verhältnis zueinander aufzubauen, auf das Sie sehr stolz sein können?

Auch wenn die Kinder des Partners oder Ihre eigenen nicht dauerhaft bei Ihnen leben, so sind Sie doch fester Bestandteil der Familie und genau so sollte es auch sein.

Was sind wir füreinander?

Ein Thema, das anfangs gerade bei noch jüngeren Kindern gern heiß diskutiert wird. „Mama, was sind wir eigentlich füreinander, Felix und ich? Brüder? Cousins? Freunde?"

„Bist du jetzt auch mein Papa? Dann habe ich sogar zwei davon."

Solche Fragen und Themen werden unweigerlich kommen und können anfangs zu etwas Verwirrung, auch seitens der Erwachsenen, führen. Fragen Sie die Kinder doch mal, als was sie sich fühlen oder was sie gern füreinander wären? Ob sie den neuen Partner denn gern als zweiten Papa/als zweite Mama hätten?

Oft sind die Antworten, die daraufhin von den Kindern selbst kommen, genau die Richtigen und Sie müssen gar nichts groß hinzufügen.

Manchen Kindern ist auch der Begriff „Stiefmutter" oder „Stiefvater" bereits ein Begriff. Oft liest man diesen in Märchen – dort allerdings meist negativ besetzt. Die „böse Stiefmutter" bleibt vielen Jungen und Mädchen oft ein Leben lang negativ in Erinnerung.

Heutzutage gebrauchen viele lieber den Begriff „Bonuseltern" oder „Bonuskinder". Dieser Begriff ist weitaus moderner und bedeutet so viel wie „zusätzlich, extra". Damit beschreibt dieser Begriff sehr treffend die Konstellation. Natürlich gibt es auch die „Bonusgeschwister" – ein oder mehrere Geschwister zusätzlich.

Auch, wenn die meisten Kinder gern alles in Worte fassen und Begriffe genannt haben wollen, so ist es doch völlig zweitrangig, wie Sie die Konstellation Ihrer Familie in Worte fassen. Viel wichtiger ist es doch, wie Sie zueinanderstehen und ob Sie sich gegenseitig Vertrauen schenken. Der Begriff „Familie" ist beliebig dehnbar und kann sowohl enge Freunde als auch die Haustiere einschließen. Sie selbst entscheiden, ob Sie sich als Familie fühlen oder die Kinder untereinander als Geschwister. Seien Sie das füreinander, was Sie sein wollen.

Sie müssen auf keine Fragen von außen eine präzise Auskunft geben.

Sie sind eine Familie, wenn Sie sich als Familie fühlen.

Geschwisterliebe, Freundschaft oder Rivalität?

Während leibliche Geschwister in der Regel viel Zeit haben, von Geburt an zusammenzuwachsen und ein oft inniges Verhältnis zueinander aufzubauen, kommen die neuen Geschwister nun quasi von heute auf morgen in die bereits sehr gefestigte Geschwisterkonstellation. Auch hier gibt es wieder mehrere Faktoren, die beeinflussen, wie die Kinder einander aufnehmen und annehmen. Das Alter, die Charaktere und die Beziehungen zu den eigenen Eltern sowie das Verhältnis zu deren neuem Partner. Auch hier fällt es jüngeren Kindern meist leichter, im anderen einfach einen potenziellen neuen Spielgefährten zu sehen. Je älter die Kinder sind, desto länger kann es bisweilen dauern, bis vorsichtig gegenseitig Kontakt aufgenommen wird.

Aber wie auch immer der Start in die neue Geschwisterbeziehung ist – es heißt noch lange nicht, dass dies auch so bleiben wird.

Die Kinder sind in der Situation, plötzlich ihre Routine, ihr Spielzeug, sogar ihre Mama oder ihren Papa „teilen" zu müssen.

Die Kinder des neuen Partners dagegen kommen in eine ihnen fremde Struktur und Umgebung, (die den dauerhaft hier lebenden Kindern dagegen sehr vertraut ist) mit Spielsachen, die nicht ihnen gehören, und

Ritualen und Gewohnheiten, die sie nicht kennen. Kommen die Kinder des neuen Partners nur zu Besuch, ist es oft schwierig, diese nicht tatsächlich als solche zu sehen, sondern als festen Teil der Familie. Selbst, wenn die Kinder noch so regelmäßig an den Wochenenden da sind, kann es lange dauern, bis die Zeiten mit allen Kindern gemeinsam nicht mehr als „Ausnahmesituationen", sondern als normal, alltäglich und „Familie" betrachtet werden. So geht es sowohl den Erwachsenen als auch den Kindern.

Versuchen Sie trotzdem, die gemeinsamen Zeiten als Familie zu leben. Die Kinder, die nicht dauerhaft bei Ihnen wohnen, sollten trotzdem einen gewissen Raum im Haushalt einnehmen dürfen, sprich Kleidungsstücke, Schuhe, Spielsachen, Kuscheltiere etc. dauerhaft bei Ihnen haben.

Natürlich haben die meisten Kinder in der Regel trotzdem Ihren Koffer und Ihre Tasche dabei, aber lassen Sie sie spüren, dass sie genauso das Recht haben, hier zu sein, und es ein zusätzliches Zuhause für sie sein darf. Im Idealfall haben Sie sogar den Platz, um Ihnen ein eigenes Zimmer zur Verfügung zu stellen. Dass diese Möglichkeit nicht immer gegeben ist, ist klar und es ist auch kein „Muss". Die Hauptsache ist, die Kinder kommen gern zu Ihnen und fühlen sich gut aufgenommen und wohl. Letztlich tut es da auch ein provisorisches Matratzenlager auf dem Boden. Die Kinder könnten es sogar aufregend und spannend finden und sich jedes Mal darauf freuen. Machen Sie sich da also nicht zu viele Vorschriften. Reden Sie gemeinsam mit den Kindern darüber, ob sie sich wohlfühlen oder ob sie Veränderungen wünschen.

MEINE KINDER – DEINE KINDER?!

Was darf ich? – Wo sind die Grenzen?

Darf ich den Kindern meines Partners sagen, dass sie ihr Zimmer aufräumen sollen? Dass Schlafenszeit ist? Inwiefern darf ich die Kinder meines Partners „erziehen"? Ihnen sagen, ob etwas richtig oder falsch ist, oder ihnen meinen Glauben an bestimmte Dinge mitteilen.

Gerade in der Anfangszeit, aber auch später immer wieder, kann dies zu Unsicherheiten führen. Sprechen Sie als Paar in jedem Fall ausführlich über dieses Thema und lassen Sie abends, wenn die Kinder im Bett sind, Situationen in Ruhe Revue passieren und fragen Sie den anderen nach seiner Meinung oder Einstellung dazu. Fand er Ihre Reaktion gut? Hätte er sich etwas anderes gewünscht? Auch andersherum müssen Sie Ihren Partner darauf ansprechen, wenn Ihnen etwas missfällt oder wenn Sie Unsicherheiten bei ihm bemerken.

Es ist wichtig, den Kindern gegenüber feste Rollen einzunehmen, und es ist nun mal in der Regel so, dass die Erwachsenen gewisse Entscheidungen treffen und Ansagen machen, denen die Kinder Folge zu leisten haben, ob es ihnen nun gefällt oder nicht, und es ist auch egal, von wem diese ausgesprochen werden.

Lassen Sie die Kinder unbedingt spüren, dass, wenn einer von Ihnen eine Aussage macht, dies automatisch vom anderen abgesegnet ist und es somit keinen Raum für Diskussionen mit dem anderen Erwachsenen gibt. Kinder testen gern, ob der andere Part eventuell etwas anderes zu sagen oder eine andere Meinung zu etwas hat, und schon bekommen diese hintenherum doch noch ihren Willen, dürfen länger aufbleiben oder bekommen noch etwas Süßes. Und Sie selbst stehen auf einmal ziemlich dumm und unglaubwürdig da. Hier heißt es wirklich: Reden, reden, reden!

Die „fremden" Kinder zurechtweisen

Darf ich die Kinder meines Partners begründet schimpfen oder zurechtweisen oder sogar Sanktionen verhängen? Wie finde ich es, wenn der neue Partner meine

Kinder zurechtweist oder eine Strafe androht?

Auch das sind Situationen, die unbedingt mit dem Partner besprochen werden müssen und bei denen Sie eine gemeinsame Linie fahren müssen. Natürlich ist es auch in Kernfamilien so, dass die Eltern nicht immer gleich streng oder gleich nachgiebig sind, aber es sollte auf jeden Fall einige feste Regeln geben, bei denen beide gleichermaßen darauf achten, dass diese eingehalten werden.

Vielleicht ist es Ihnen sogar ganz recht, wenn Ihr Partner die Kinder zurechtweist. Oft hören diese dann besser und unterlassen das, was sie nicht tun sollen.

Sollten die Zurechtweisungen allerdings in Ihren Augen ungerechtfertigt oder zu heftig ausgesprochen werden, müssen Sie das Ihrem Partner unter vier Augen sagen. Auch, wenn Sie mit den Sanktionen, die Ihr Partner androht oder verhängt, nicht konform gehen, ist es dringend notwendig, gemeinsam darüber zu sprechen. Vielleicht ist Ihr Partner nur unsicher, wie und ob er reagieren soll, oder er möchte Sie entlasten. Ist dies nicht der Fall und er möchte den Kindern gegenüber einen anderen Erziehungsstil anwenden, ist es Ihr gutes Recht, Ihr Veto einzulegen. Umgekehrt gilt dies genauso. Sie selbst könnten aber bei bestimmten Situationen im Nachhinein zu Ihrem Partner gehen und ihn fragen, wie er Ihre Reaktion seinen Kindern gegenüber fand. Ungerechtfertigt oder nicht autoritär genug? So können Sie herausfinden, was für den anderen akzeptabel oder wünschenswert ist, und dann versuchen, eine gemeinsame Linie für alle Kinder zu finden.

Dein Kind ...

Man kann sich noch so sehr vornehmen, alle Kinder, auch die des Partners, genau gleich zu behandeln und zu lieben – im Alltag führt dieser Vorsatz jedoch immer wieder zu Gewissenskonflikten.

Mit seinen eigenen Kindern verbindet einen von deren Geburt an eine innige Liebe, die nichts erschüttern kann. Mögen sie sich auch noch so sehr danebenbenehmen oder in Wutanfällen verlieren, sobald sie dann kleinlaut und weinend vor einem stehen, hat man als Elternteil meist sofort das Bedürfnis, zu trösten und zu verzeihen. Man sieht seinem eigenen Kind in der Regel doch mehr nach oder nimmt es in Schutz. Dies alles rührt von der engen inneren Bindung her, die von Geburt des eigenen Kindes an gegeben ist.

Diese Bindung lässt sich nun schwerlich zu den bis dato fremden Kindern aufbauen, die da plötzlich Teil der Familie sind und die wir uns, im Gegensatz zum neuen Partner, nicht einmal selbst ausgesucht haben.

Eine entscheidende Rolle spielt das Alter der Kinder. Sind diese noch sehr jung bei der Gründung der Patchworkfamilie, so entwickeln sie sich in und mit dieser vom Kleinkind zum Schulkind und zum Teenager und finden sich meist gut in dem Gefüge zurecht, da sie kaum oder gar keine Erinnerungen an die Zeit davor haben und dies nun für sie ihr „normales" Familienleben ist. Auch uns Erwachsenen fällt es in der Regel leichter, eine enge Bindung zu den Kindern des Partners aufzubauen, wenn wir diese bereits in sehr jungen Jahren kennenlernen. Während man für Kinder, die man beispielsweise erst im Teenager-Alter kennenlernt, die Rolle eines guten Freundes, vielleicht sogar eines Vertrauten annehmen kann, nimmt man für kleinere Kinder oft eine Rolle ähnlich dem nicht anwesenden Elternteil ein.

Während man von älteren Kindern im Alltag oft gar nicht mehr so viel mitbekommt, da diese bereits selbstständiger sind und sich auch gern mal zurückziehen, sind kleinere Kinder dagegen nahezu immer präsent. Dies führt in der Regel meist unweigerlich dazu, dass man kurzerhand die Elternrolle für alle gemeinsam übernimmt, sowohl für seine eigenen Kinder als auch für die des Partners. Zeitweise ist man nun in der Verantwortung als Mutter oder Vater von beispielsweise nicht nur 2, sondern gleich von 4 Kindern.

Trotzdem gibt es in der Regel feine Unterschiede, die einem selbst oft unbewusst sind. Natürlich kümmert man sich ganz genauso, wenn ein Kind weint, Hilfe braucht oder kuscheln möchte, aber es löst bei den eigenen Kindern doch meist andere Signale und Gefühle aus, es beispielsweise weinen zu sehen. Auch hat man in der Regel bei seinen eigenen Kindern ein wesentlich besseres Gespür, was die Stimmungen oder Emotionen des Kindes angeht und wann es zum Beispiel einfach mal eine kurze Pause vom Trubel braucht oder Mama oder Papa kurz für sich haben möchte.

Das ist völlig normal und Sie müssen dabei keineswegs ein schlechtes Gewissen haben. Wahrscheinlich genießen die Kinder Ihres Partners bei diesem ebenfalls eine unbewusst bevorzugte Behandlung, wenn diese zu Besuch sind.

Wichtig ist, dass kein Kind sich deutlich im Hintertreffen oder dauerhaft benachteiligt gegenüber den anderen fühlt. Beide Partner sollten versuchen, die Bedürfnisse ihrer Kinder gleichermaßen zu erfüllen, und an einem gemeinsamen Strang ziehen.

Neue Regeln in der Familie

Ein neuer Partner und dessen Kinder bedeuten, dass

Dinge und Gewohnheiten, die bis dato gut funktioniert haben und nicht infrage gestellt wurden, nun plötzlich nicht mehr mit der neuen Situation, der größeren Personenanzahl im Haushalt und den verschiedenen Bedürfnissen aller vereinbar und sinnvoll erscheinen.

Ist man selbst z. B. den Alltag mit nur 1 oder 2 Kindern oder gar ganz allein gewohnt, so hat man nun in manchen Fällen plötzlich eine Großfamilie oder wechselt vom Single zum Familienleben. Beides bedeutet Umstellung und auch, dass der Alltag, wie er bisher war, ein paar neue Strukturen annimmt.

Hat man z. B. mit nur 1 oder 2 Kindern oft vieles lockerer gesehen, so gelten nun mit 3, 4 oder sogar noch mehr Kindern meist strengere Regeln. Da darf dann plötzlich auf dem Sofa nichts mehr geknabbert werden, da dies bei beispielsweise mehreren Kindern im Kindergarten- oder Grundschulalter schnell in ein Schlachtfeld ausarten würde. Auch kleine Süßigkeiten werden zu festen Zeiten und nur für alle gemeinsam verteilt, da dies sonst dazu führt, dass ein Kind sich im Nachteil fühlt oder Sie den gesamten Tag bettelnde Kinder um sich haben.

Wer darf wann und was im Fernsehen schauen und wer darf dies entscheiden? Wer darf heute dem Erwachsenen beim Kochen helfen? Wer darf mit zum

Einkaufen, wer darf daheimbleiben? Wer geht wann ins Bad und ins Bett?

Zumindest mit nur einem eigenen Kind tun sich plötzlich unzählige Situationen und Fragen auf, auf die es nun erst einmal eine Antwort zu finden gilt.

Der neue Alltag

Der neue Alltag als Patchworkfamilie ist eingezogen und mit ihm immer wieder neue Fragen, Probleme und auch gelegentlich Frust und Ärger. Oft scheint Ihnen alles über den Kopf zu wachsen und Sie fragen sich vielleicht das eine oder andere Mal, ob dies die richtige Entscheidung war. Aber Sie können sich sicher sein – Sie werden wachsen mit Ihren Erfahrungen und bei dem, was Sie alles meistern werden, können Sie am Ende stolz auf sich und Ihre neue Familie sein.

BESUCHSWOCHENENDEN ODER DAUERHAFTER FAMILIENZU- WACHS?

Vor- und Nachteile

Es gibt in Patchworkfamilien unendlich viele verschiedene Konstellationen, was die Zeit betrifft, die die neue Familie tatsächlich gemeinsam verbringt.

Manchmal bleiben die Familien lieber in getrennten Haushalten, gerade, wenn beide Partner alleinerziehend mit den Kindern sind.

Hier leben beide Familien ihren gewohnten Alltag, ihr gewohntes Leben weiter. Dem neuen Partner und dessen Kindern ist dann in der Regel die Freizeit, sprich Nachmittage, Wochenenden, Ferien etc. vorbehalten. Hier hat man die Möglichkeit, sich erst einmal langsam an eine neue Familienkonstellation heranzutasten. Gerade mit älteren Kindern ist dies oft der vorerst bessere Weg.

Diese sollten sowieso fest in Entscheidungen, was ein Zusammenziehen betrifft, einbezogen werden. Sollten sie strikt dagegen sein, kann es schwierig werden und es muss gemeinsam nach Lösungen oder Alternativen gesucht werden. Mal ist es so, dass die neuen Partner zusammenziehen, oft mit den Kindern des einen Parts, und die Kinder des anderen Parts nur zu festgelegten Zeiten anwesend sind, an Wochenenden, Nachmittagen, in den Ferien.

Hier ist es so, dass ein Part zwar dauerhaft mit den Kindern des neuen Partners zusammenlebt und für diese im Idealfall ein enger Vertrauter wird und deren Gewohnheiten und Charaktere bald sehr gut kennt, der seine eigenen Kinder aber nur zu festen Zeiten sieht oder zu sich holen kann.

Dies ist eine häufige Konstellation, die nicht unproblematisch sein kann. Es besteht das Risiko, dass der neue Partner sich beispielsweise wie das fünfte Rad am Wagen fühlt oder aber er eine Art Eifersucht auf den Partner entwickelt, der seine Kinder immer bei sich haben kann. Es kann ebenfalls Belastung für ihn bedeuten, pausenlos Kinder um sich zu haben, die nicht seine eigenen sind, weil er diese gerade beim Spiel oder Toben mit den Kindern des Partners nur noch mehr vermisst. Dann ist es wieder so, dass beide Partner gemeinsam mit allen Kindern zusammenziehen.

Dies bedeutet in der Regel, einen „Crashkurs" in Sachen Patchwork zu absolvieren, an dem alle beteiligten Familienmitglieder teilnehmen müssen, ob sie wollen oder nicht.

Der Vorteil hier ist, dass beide Partner gleichermaßen die Chance haben, Bindung zu den jeweils anderen Kindern aufzubauen, ohne auf die eigenen Kinder verzichten zu müssen. Allerdings kann diese Konstellation auch erst einmal im Chaos enden, bevor es jedem einzelnen nach und nach gelingt, sich zurechtzufinden.

Chaos pur?!
Geschrei, Streitereien, Unordnung, – um nur ein paar wenige Dinge zu nennen, die in einer Großfamilie meist Alltag sind. Noch chaotischer aber wird die Situation, wenn es in regelmäßigen Abständen für Kinder heißt, zu Hause, Elternteil und/oder Familie zu wechseln. Gerade, wenn das neue Umfeld bereits vertraut ist und man dort regelmäßig Zeit verbringt, man aber Spielsachen und die neu dazugewonnenen Geschwister nicht immer und jederzeit um sich hat, brauchen Kinder oft erst einige Zeit, um sich in der neuen veränderten Situation wieder zurechtzufinden.

Plötzlich gelten wieder andere Regeln, es gibt andere Routinen, die Mahlzeiten sind zu anderen Zeiten und es sind wieder andere Menschen um die Kinder herum. Gerade bei jüngeren Kindern wirkt sich dieser Wechsel und die Umstellung oft mit Überdrehtheit aus. Es wird wild und laut und so manch einer sehnt sich bereits nach wenigen Minuten schon wieder nach Ruhe. Die Besuche beim anderen Elternteil und der neuen Familie bedeuten für die Kinder eine Auszeit vom Alltag. Meist sind es Wochenenden und Ferien, die sie den anderen Elternteil sehen, und somit ist der Alltag mit Kindergarten und Schule erst recht noch viel weiter entfernt.

Es ist bisweilen schwierig und braucht seine Zeit, in dieser Konstellation eine Art Alltag und Routine während der Besuchszeiten einziehen zu lassen. Je öfter die Kinder bei Ihnen sind und je älter diese sind oder werden, wird dies im Lauf der Zeit jedoch auch ruhiger werden und Sie werden nicht mehr bei jedem neuen Aufeinandertreffen der Kinderschar das Gefühl haben, direkt im Chaos zu versinken.

Bis dahin – lassen Sie sich mit in das Chaos fallen und wehren Sie sich nicht dagegen. Das ist definitiv der entspannteste Weg, versprochen!

Ausnahmezustand

Kindergeburtstage – alle Eltern kennen sie. Dem Kind zuliebe lädt man gleich eine ganze Truppe anderer Kinder gleichen Alters ein. Es gibt eine Mordsgaudi, einen Höllenlärm, Spielzeug fliegt überall herum und es wird mit 20 Sachen gleichzeitig gespielt. Die Sofakissen liegen kreuz und quer auf dem Boden und das Sofa selbst wird als Trampolin missbraucht. Ein Kind versucht,

Legosteine zu essen, während ein anderes ihm vormacht, welche am besten schmecken. Auf den Decken liegen zerbröselte Kekse, zwischen den Büchern klebt ein Lutscher und irgendjemand hat seinen Pullover in die Toilette geworfen. Allein bei der Vorstellung bekommen die meisten Eltern einen hohen Puls.

Zugegeben, – es ist schon ein absolutes Extrem, das einem hier vor Augen geführt wird, dennoch kann ich Ihnen versichern, dass es manchmal so zugeht, sollten mehrere Kinder im Kindergartenalter zusammentreffen, gerade, wenn diese sich nur am Wochenende oder in Feriensituationen sehen. Jeder Besuch der anderen Kinder läutet den Ausnahmezustand ein.

Keine Frage, dass hier klare Regeln hermüssen und das eine oder andere Kind eine kleine Auszeit bekommt, wenn es versucht, die Fensterscheibe mit dem Spielzeughammer zu reparieren oder einem anderen Kind die Holzeisenbahn über den Kopf zieht.

Nun denken Sie vielleicht, dass sich das schon alles sehr unkontrolliert und übertrieben anhört, aber glauben Sie mir, die beschriebenen Situationen beruhen alle auf Tatsachen. Als Beispiel: 4 sehr lebhafte Kinder zwischen 2 und 5 Jahren, überwiegend Jungs, sehen sich in der Regel alle zwei Wochenenden. Sprich, es ist zwar normal, dass die Familie alle zwei Wochen um 2 Kinder anwächst, aber davon, es als alltäglich zu bezeichnen, sind wir dann doch ein ganzes Stück entfernt. Die Kinder freuen sich auf die Spielkameraden, die Spielzeuge, die es hier wieder gibt, auf das Mama- oder Papawochenende, auf gemeinsame Unternehmungen und darauf, mal keinen langweiligen „Alltag" zu haben – sprich: Party!

Natürlich gibt es mit der Zeit auch bei regelmäßigen Wochenendbesuchen feste Strukturen und Abläufe, aber bei Weitem nicht die Routine des Alltags.

Anfangs versuchen Sie vielleicht noch, alles im gewohnten Zustand zu halten und mehrmals täglich aufzuräumen und zu saugen. Mit der Zeit werden Sie merken, dass Sie dafür 1. gar keine Zeit haben und Sie sich 2. damit nur unnötigen Stress machen.

Hören Sie auf nachzudenken, lehnen Sie sich zurück und lassen Sie die Kinder (mal abgesehen von einigen No-Gos natürlich) einfach machen, so ganz nach dem Motto „Es war ein erfolgreiches und gutes Wochenende, wenn das Haus noch steht, die Möbel größtenteils ganz geblieben sind und kein Kind ernsthaft zu Schaden gekommen ist. Lassen Sie den Kontrollverlust, was Ordnung und Sauberkeit angeht, zu, sonst verabschieden sich Ihre Nerven bald mit einer freundlichen und letzten Verbeugung von Ihnen. Powern Sie, sobald wieder Ruhe eingekehrt ist, die Kinder wieder beim anderen Elternteil oder mit Ihrem Partner auf dem Spielplatz sind, 1 bis 2 Stunden durch und schon ist alles wieder auf Werkseinstellung zurückgesetzt. Mit der Zeit werden Sie da Routine bekommen.

Sollten Sie merken, dass es Ihnen nicht gelingt, 5 gerade sein zu lassen, Ihr Puls sich bereits in bedenkliche Höhen geschraubt hat und Sie bereits Ihre Zündschnur knistern hören – nehmen Sie eine kleine Auszeit: Müll hinausbringen, Essen kochen (bei geschlossener Küchentüre wohlgemerkt), sich mal mit nur 1 oder 2 Kindern ins Kinderzimmer zurückziehen und was vorlesen oder in Ruhe spielen.

Sprechen Sie als Paar gemeinsam über Situationen und Momente, in denen es einfach plötzlich zu viel wird und unterstützen Sie einander, um dem gestressten Part eine kurze Auszeit zu gönnen. Vereinbaren Sie ein Signal, wechseln Sie sich ab, je nachdem, wie Sie und Ihr Partner es brauchen.

Auch sinnvoll ist es manchmal, die Kinder eine Zeit lang zu trennen. Entweder macht dann jeder Partner mit seinen Kindern etwas allein oder aber der eine nimmt beispielsweise die zwei großen mit ins Kino, während der andere mit den zwei kleineren auf den Spielplatz geht. So eine kleine „Auszeit" tut allen gut und jeder kommt auf seine Kosten.

Plötzlich alles neu!

Bildet sich eine Patchworkfamilie, ist dies ähnlich wie Kuchen zu backen, nur ohne Rezept. Man nimmt alle Zutaten, die gerade verfügbar sind, (sprich Papa oder Mama, der neue Partner sowie alle vorhandenen Kinder), gibt sie in eine Schüssel, rührt ein paar Minuten lang kräftig, schiebt den Teig in einer Form in den Ofen und muss sich vom Ergebnis überraschen lassen. Mit etwas Glück kommt ein leckerer und schmackhafter Kuchen dabei heraus.

Auch der gewohnte Alltag wird einmal kräftig durchgerührt, wenn aus zwei Familien eine gemeinsame wird. Wer darf nun wie lange aufbleiben? Wie ist die Reihenfolge morgens und abends im Badezimmer? Und so weiter und so fort.

Gerade Einzelkindern fällt eine solche Umstellung bisweilen schwer. Plötzlich alles teilen zu müssen und überall Rücksicht auf andere nehmen zu müssen, sind diese oft nicht gewohnt. Ein gemeinsamer Umzug in eine größere Wohnung oder ein Haus beispielsweise kann die Situation leichter machen, da sie für alle beteiligten ein Neustart ist, aber es kann auch schwer sein, alles bisher Vertraute hinter sich zu lassen. Nicht nur den bisherigen Wohnraum, sondern auch das „Zuzweit-Sein" mit Mama oder Papa.

Egal, in welcher Konstellation Sie sich mit Ihren Kindern befinden, versuchen Sie, möglichst viel Vertrautes zu bewahren. Ihre kleinen Rituale und Dinge, die nur Sie und Ihre Kinder miteinander verbinden. Gerade, wenn Sie mit Ihren Kindern zum neuen Partner ziehen, in eine Wohnung, in der dieser mit seinen Kindern bereits seit Langem wohnt, ist es umso wichtiger, Ihren Kindern mit bekannten Ritualen und kleinen Dingen, die ihnen lieb und wichtig sind, Vertrautheit in der neuen Umgebung zu schaffen. Nehmen Sie sich viel Zeit für sie, erkunden Sie gemeinsam die neue Wohnung oder das neue Haus, lernen Sie die Nachbarn kennen und machen Sie ausgedehnte Spaziergänge in der neuen Umgebung.

Sollten die Kinder ebenfalls Schule oder Kindergarten wechseln müssen, ist dies erst mal ein zusätzlicher schwieriger Schritt, aber die neuen Freundschaften helfen ihnen dabei, sich schneller einzuleben. Hier sind auch die neuen Geschwister gefragt, denen Umgebung und Menschen vertraut sind, die zugezogenen Kinder mit allem vertraut zu machen.

EIFERSUCHT

„Das ist meine Mama/mein Papa!"

Das Kind des Partners klettert auf Ihren Schoß und sofort kommt Ihr Kind angerannt und protestiert: „Hey, das ist meine Mama!" Eifersucht ist gerade bei kleinen Kindern ein immer wiederkehrendes Thema in einer Patchworkfamilie, vor allem in der Anfangszeit.

Wem gehört welcher Elternteil, welche Oma, welcher Bruder oder welche Schwester, welcher Onkel und welche Cousine?

Es wird zu Beginn immer wieder Phasen geben, in denen dies zur Sprache kommt und die Kinder stolz darauf sind, die Mitglieder ihrer leiblichen Familie aufzählen zu können. Trotzdem ist die Oma vom einen, im Idealfall nun auch die Oma vom anderen und die lustige Tante die Schwester vom Partner von Mama. Da kann man schon mal durcheinander kommen, wer denn nun ursprünglich zu wem gehört.

Kinder haben gerade in einem bestimmten Alter generell immer das Gefühl und die Angst, gerade gegenüber den Geschwistern benachteiligt zu werden. Die Konkurrenz fängt beim Essen an und endet beim besten Platz auf dem Sofa.

Je kleiner die Kinder bei der Gründung der Patchworkfamilie sind, desto höher ist die

Wahrscheinlichkeit, dass sie es als völlig normal empfinden, wenn das Kind vom Partner bei Ihnen auf dem Schoß sitzt oder von Ihnen getröstet werden will. Trotzdem kann es passieren, dass Sie ein Kind auf den Arm nehmen und plötzlich stehen da noch 3 andere, die ebenfalls hochgenommen werden wollen. Da kann es schnell zu Streitereien und Tränen kommen. Hier allen Kindern gleichermaßen gerecht zu werden, ist schier unmöglich.

In der Regel sind aber auch dies nur Phasen, abhängig vom Alter der Kinder. Mögen sich die Kinder untereinander und sehen sich als Geschwister, müssen Sie sich meist keine Sorgen machen. Auch unter leiblichen Geschwistern gibt es schließlich gelegentlich Streit um die Gunst von Mama und Papa.

Die Kinder sind die Nummer 1

Ein absoluter Vorteil, wenn beide Partner bereits eigene Kinder haben, ist, dass beide Parteien um die Gefühle und die Bindung zu den eigenen Kindern wissen und auch, dass die eigenen Kinder für einen Elternteil immer vor dem Partner an 1. Stelle stehen. Natürlich heißt dies nicht, dass man sich als Paar nicht auch mal in den Vordergrund stellen sollte, um z. B. einfach mal einen Abend oder sogar ein Wochenende ohne Kinder zu verbringen. Dies ist sogar sehr wichtig, da eine

Beziehung schließlich auch wachsen muss und man als Paar auch Zeit für sich selbst braucht.

Trotzdem kommen einige kinderlose Partner irgendwann in die Situation, eine gewisse Eifersucht gegenüber den Kindern des Partners zu empfinden. Wenn z. B. ein gemeinsamer Abend geplant ist und der Part mit eigenen Kindern aufgrund dessen absagt, dass die 15-jährige Tochter Liebeskummer hat, oder dass beispielsweise die Mutter nachts ins Bett des Kindes umzieht, weil dieses schlecht geträumt und Angst hat, allein wieder einzuschlafen.

Schwierig kann es auch werden, wenn der neue Partner und die Kinder sich nicht verstehen oder mögen. Dies kann aus vielerlei Gründen der Fall sein. Sei es, dass einfach von Grund auf eine Antipathie gegenüber dem anderen besteht, Kind oder Partner sich gegenseitig tatsächlich ablehnen, der neue Partner sich gegenüber dem Kind zu autoritär verhält oder das Kind noch nicht über die Trennung der Eltern hinweg ist oder aber seine Mama oder seinen Papa für sich allein behalten und nicht teilen möchte. Es kann viele Ursachen geben und dann stellt sich immer die Frage, ob die neue Partnerschaft denn eine Zukunft hat. Ein Großteil der Eltern entscheidet sich in so einer Situation für das Wohl der Kinder und lässt den neuen

Partner schweren Herzens ziehen. Manchmal führt solch eine Situation auch dazu, dass das Kind, gerade wenn es bereits im Teenageralter ist, lieber beim anderen Elternteil leben möchte.

In anderen Fällen wiederum kann eine Familientherapie helfen oder sogenannte Coachs, die spezialisiert sind auf Patchworkfamilien und mithilfe von Übungen, Spielen und Gesprächen den Zusammenhalt und das Vertrauen der einzelnen Familienmitglieder untereinander stärken.

Fest steht aber, sollte das Kind wirklich unter dem neuen Partner leiden, in welcher Form auch immer, muss man als Elternteil überlegen, ob es nicht tatsächlich besser wäre, erst einmal auf Abstand zu gehen und wieder getrennte Wohnungen zu haben oder die Beziehung sogar ganz zu beenden. Auch, wenn dies ein schwerer Schritt ist und man in Zukunft achtgeben muss, nicht dem Kind die Schuld für das Scheitern der Beziehung nachzutragen. Gehen Sie in jedem Fall behutsam vor und geben Sie Ihrem Kind immer ausreichend das Gefühl, dass es für Sie unumstritten an 1. Stelle steht. Kinder sind sehr empfindsam und es ist möglich, dass sie ernsthafte Probleme oder psychische Erkrankungen entwickeln, sollten diese unter dem neuen Partner leiden.

Achten Sie auch gerade bei kleinen Kindern auf Signale wie plötzliche Bauchschmerzen, in die Hose machen oder auch einfach Unwillen, wenn es mal allein mit Ihrem neuen Partner bleiben soll, weil Sie selbst z. B. zum Elternabend oder zum Arzt müssen.

Vielleicht steckt mehr als nur Antipathie hinter dem Verhalten des Kindes und es ist tatsächliche Angst, weil der neue Partner dem Kind in irgendeiner Art und Weise Schmerzen zufügt und Dinge tut, die das Kind nicht mag. Sollten Sie diesen Verdacht haben, sprechen Sie allein und in Ruhe mit Ihrem Kind und/oder suchen Sie eine Beratungsstelle auf. Dort wird man sowohl mit Ihnen als auch mit Ihrem Kind sprechen und Ihnen helfen können, sollte sich ein Verdacht tatsächlich bestätigen.

DER ANDERE ELTERNTEIL

Abwesend und doch immer anwesend
In einer Patchworkfamilie ist es in der Regel unweigerlich so, dass zu der erweiterten Familie nun einmal auch die anderen Elternteile der Kinder, sprich, die Ex-Partner, dazugehören und hin und wieder sehr präsent sein können. Gelegentlich hat man tatsächlich das große Glück und alle beteiligten Personen verstehen

sich untereinander gut. Dies setzt meist voraus, dass die Trennung der Elternpaare friedlich und in gegenseitigem Einvernehmen über die Bühne gegangen ist sowie dass keine Eifersucht unter den neuen und den alten Partnern herrscht. Auch die Kinder spielen dabei eine Rolle. Mögen diese beispielsweise den neuen Partner der Mutter nicht, stellt sich der Vater oftmals automatisch auf die Seite seines Sohnes und unterstützt damit dessen Antipathie noch.

Möglicherweise ist der Vater auch eifersüchtig auf den neuen Partner der Mutter, da dieser nun viel mehr Zeit mit seinen Kindern verbringt als er selbst und dabei auch nicht unwesentlich auf deren Erziehung einwirkt. Diese ihm fremde Person lebt nun den normalen Alltag mit seinen Kindern und nimmt teilweise den Part ein, der doch eigentlich ihm zusteht und bis dato auch zugestanden hat. Dies schmerzt und ein gewisser Abstand zum neuen „Familienglück" ist daher auch verständlich.

Für die meisten Patchworkfamilien geht der Traum der großen bunten Familie, in der sich alle untereinander gut verstehen und sich gegenseitig bei allem helfen, daher leider nicht in Erfüllung. Dies ist auch nicht weiter schlimm, schließlich stehen Sie als Elternteil immer noch ganz vorn, wenn es darum geht, mit Ihrem ehemaligen Partner über die gemeinsamen Kinder zu sprechen oder Besuchswochenenden zu planen. Der direkte Kontakt zwischen dem neuen und dem alten Partner ist also in den meisten Fällen gar nicht nötig. Natürlich entwickelt sich im Lauf der Jahre in der Regel ein offenerer und lockerer Umgang zwischen den Parteien, aber dies braucht oft seine Zeit.

Wenn man Glück hat, klappt im Großen und Ganzen alles reibungslos, sprich, der Umgang ist geklärt, der Unterhalt für die Kinder kommt zuverlässig auf das Konto und der Kontakt auf Elternebene funktioniert gut und ohne Streitereien.

Leider ist auch dies aber nicht immer der Fall. Viel zu oft kommt es auch noch Monate oder Jahre nach der Trennung zu Streit, heftigen Auseinandersetzungen und gegenseitigen Anfeindungen. Gerade bei der Übergabe der Kinder kommt es dann zu Wutgesprächen oder gegenseitigen Vorwürfen. Dies gilt es allerdings, gerade im Hinblick auf die Kinder, unbedingt zu vermeiden! Sollte dies nicht möglich sein, egal, ob von beiden oder auch nur von einer Seite aus, empfiehlt es sich, ein gemeinsames Gespräch beim Jugendamt zu führen. Die Mitarbeiter helfen, klären, beraten und vermitteln zwischen den Eltern, wenn diese Kommunikationsprobleme haben.

Nicht selten wirft ein Elternteil dem anderen vor, nicht gut für die Kinder zu sorgen oder überfordert zu sein. Auch da lohnt es sich, das Jugendamt zu kontaktieren, das anschließend das Gespräch mit dem betroffenen Elternteil sucht oder einen Hausbesuch macht, um sich persönlich ein Bild von der Lebenssituation der Kinder zu machen.

Eifersucht

Leider ist es manchmal so, dass man nach einer Trennung zu schnell wieder auf Partnersuche geht und noch nicht über den Ex-Partner hinweg ist. Dies spürt der neue Partner irgendwann unweigerlich und Streit und Tränen sind vorprogrammiert. Es kommt allerdings auch vor, dass der neue Partner scheinbar grundlos auf den Ex-Partner des anderen eifersüchtig ist, nur, weil diese aufgrund der Kinder präsent bleiben und nicht einfach in der Versenkung verschwinden können. Auch der Partner hat da keine Wahl, denn die Kinder haben nun mal ein Anrecht auf beide Eltern. Der Ex-Partner ist also jemand, den man in Kauf nehmen muss, ob einem das gefällt oder nicht.

Auch da kann es von Vorteil sein, wenn beide Partner bereits Kinder und aufgrund dessen unweigerlich Kontakt mit dem anderen Elternteil halten müssen, dann ist das Verständnis dafür meist größer. Aber auch müssen Sie beide immer bedenken, dass nicht jeder gleich gut oder gleich schlecht mit seinem Ex-Partner auskommt. Nur, weil Sie selbst mit diesem immer wieder aneinandergeraten, heißt das nicht automatisch, dass Ihr Partner noch Gefühle für den anderen Elternteil seiner Kinder hat, weil die beiden ganz normal und locker miteinander sprechen oder vielleicht sogar gemeinsam über Dinge lachen können. Bedenken Sie auch hier wieder die unterschiedlichen Gründe der Trennung und das jeweils vorangegangene Erlebte und natürlich auch die verschiedenen Charaktere sowie den bereits aus der Vergangenheit gewohnten Umgang miteinander.

Es ist absolut toll und für viele auch wünschenswert, mit ihrem neuen Partner über Probleme und Schwierigkeiten mit dem Ex-Partner sprechen zu können. Dennoch sind Sie selbst immer noch der Part, der den Ex-Partner am besten kennt und meist ein Stück Ihres Lebens mit ihm verbracht hat. Hören Sie Ihrem Partner gern zu oder geben Sie ihm, wenn gewünscht, kleine Tipps, wie er sich z. B. in Gesprächen mit seinem Ex verhalten könnte, verlangen Sie dies aber nicht von ihm oder machen Sie es ihm zum Vorwurf, wenn er anders reagiert, als Sie es an seiner Stelle tun würden. Der regelmäßige Kontakt und auch die Treffen bei der

Übergabe der Kinder sind für viele ein wirklich schwieriges und empfindliches Thema. Sei es, weil man Angst vor Streitereien oder Vorwürfen hat, weil man in der Vergangenheit sehr vom anderen verletzt wurde oder der bloße Anblick dieses Menschen Übelkeit verursacht. Auch und in erster Linie geht es bei diesen Treffen und Kontakten darum, dem Ex-Partner die gemeinsamen Kinder zu übergeben oder diese wieder in Empfang zu nehmen. Auch das ist nicht immer einfach, weil man dem anderen beispielsweise misstraut oder dessen Umgang mit den Kindern nicht gutheißt.

Sollten hier Bedenken sein, dass die Kinder tatsächlich nicht gut beim anderen Elternteil aufgehoben sein könnten, haben Sie auch hier die Möglichkeit, sich an das Jugendamt oder direkt an den Kinderschutzbund zu wenden. Diese beiden Einrichtungen arbeiten eng zusammen und ermöglichen in schwierigen Situationen sowie der Unbeholfenheit oder Überforderung eines Elternteils begleiteten Umgang.

Ärger und Streitigkeiten

Ob als intaktes Elternpaar oder bereits getrennt – aufgrund der Erziehung der Kinder, Kindergarten, Schule, Ausbildung, Kleidung, Taschengeld, Regeln etc. gibt es zwischen Eltern immer wieder mal Diskussionen und Auseinandersetzungen.

Auch hier gilt aber in der Regel für den neuen Partner – erst mal raushalten! Nicht immer einfach, wenn man ebenfalls ein enges Verhältnis zu den Kindern des Partners aufgebaut hat oder diese bereits von klein auf kennt und vielleicht sogar noch mehr Zeit mit ihnen verbringt als der andere Elternteil.

Trotzdem geht es Sie nun einmal rein rechtlich nichts an, solange Sie die Kinder weder adoptiert noch offiziell das Sorgerecht übernommen haben. Auch den Ex-Partner geht es nur wenig an, solange Ihr neuer Partner das alleinige Sorgerecht besitzt. Dann nämlich ist er allein entscheidungsberechtigt und muss sich auf keinerlei Diskussionen mit dem Ex einlassen.

Trotzdem kann dauerhafter Ärger mit dem Ex auch schnell umschlagen zu Ärger in der neuen Beziehung. Gibt es andauernd Diskussionen mit dem anderen Elternteil, geht das an die Nerven und das wiederum bekommt dann irgendwann unweigerlich auch der neue Partner ab, auch wenn dies natürlich absolut nicht beabsichtigt ist. Zudem sieht Ihr neuer Partner auch, wie sehr Ihnen die ständigen Streitigkeiten zu schaffen machen, und wird früher oder später nach einer Lösung verlangen, um wieder Frieden und Harmonie einkehren zu lassen. Damit baut er dann Druck auf, der sich sowohl positiv (dem streitsüchtigen Ex-

Partner gegenüber) als auch negativ (dem neuen Partner gegenüber) entladen kann.

Auch hier gilt die Grundregel: Reden, reden, reden und nach einer Lösung suchen, wie es allen Beteiligten besser geht, ohne eine Partei zu bevormunden.

Alltagsgestaltung

INFORMATIONEN UND TIPPS

Hier noch eine kleine Hilfe und Ideen, den neuen Alltag als Patchworkfamilie mit vielen Kindern zu gestalten.

- Feste Regeln können mit vielen Kindern einiges erleichtern und auch die Kinder wissen, woran sie sind. So geht der Alltag entspannter und dennoch strukturiert vonstatten. Schreiben oder malen Sie besonders wichtige Regeln auf ein Plakat, sodass die Kinder diese immer im Blick haben und sich daran erinnern können.

- Ein Familienkalender kann eine große Hilfe sein,

die Übersicht zu behalten, wann welche Kinder daheim oder zu Besuch sind, sowie den Überblick über sämtliche Termine, Hobbys und Verabredungen immer im Auge zu haben.

- Gemeinsame Projekte machen allen Spaß und stärken das Gemeinschaftsgefühl. Verschönern Sie beispielsweise eine Wand mit Fingerfarben oder bauen Sie im Winter gemeinsam ein Iglu. Alles, was Sie zusammen erreicht, gebaut oder gestaltet haben, lässt Sie als Familie enger zusammenwachsen.

- Stellen Sie beim Essen am besten eine kleine bis mittlere Auswahl auf den Tisch, so kann sich jedes Kind das aussuchen, was es gern mag. So umgehen Sie Stress und schlechte Laune am Esstisch. Bei kleineren Kindern empfiehlt sich beim Abendbrot und gegebenenfalls beim Frühstück eine Auswahl an belegten Broten vorzubereiten, so kann jedes Kind direkt zugreifen und die Streitereien, wer was auf sein Brot möchte und wer als Erster an der Reihe ist, fallen weg.

- Versuchen Sie, die Zeiten, in denen die Kinder

beim jeweils anderen Elternteil sind, möglichst für den gleichen Zeitraum zu planen. So haben Sie als Paar eine kleine Auszeit, die Sie nutzen können, indem Sie ein paar Tage wegfahren, mal zusammen ausgehen oder einfach einen ruhigen und ausgedehnten Fernsehabend machen und vielleicht sogar am nächsten Tag ausschlafen.

- Die kalten und nassen Jahreszeiten lassen gerade Familien mit vielen kleinen Kindern oft verzweifeln. Die Kinder werden schnell quengelig und die Spielsachen langweilig. Auch hier gibt es aber Dinge, die man wunderbar mit einer Gruppe Kindern machen kann, um die Laune zu heben:

- basteln (ob mit oder ohne Anleitung)
- puzzeln (ein großes Puzzle für alle oder jeder für sich)
- vorlesen (die Kinder malen dabei oder entspannen)
- Spiele spielen (alle zusammen oder in kleinen Gruppen)
- Bewegungsspiele in der Wohnung (kleinen Parkour aufbauen)
- kneten

– Bilder aus Bügelperlen

– malen (Buntstifte, Wasserfarbe, Fingerfarbe)

– singen, tanzen und Musik machen

– Kekse backen

– kindgerechte Experimente durchführen

– Sticker-Hefte (sind bei Kindern meist sehr beliebt)

– Fragen Sie die Kinder nach Ihren Interessengebieten und gestalten Sie den Tag nach bestimmten Themen. Basteln, vorlesen, Essen …

– (z. B. alles zum Thema Weltraum oder Prinzessin)

Und die wichtigste Regel im Alltag als Patchworkfamilie: Reden, reden, reden!

Herstellung und Verlag:

BoD – Books on Demand, Norderstedt

ISBN: 9783755760993

1. Auflage

Kontakt: Psiana eCom UG/ Berumer Str. 44/ 26844 Jemgum

Covergestaltung: Fenna Larsson

Coverfoto: depositphotos.com